AF531940

Entsafter & Dampfentsafter Rezepte

Die leckersten Saft Rezepte für nährstoffreiche Obst- und Gemüsesäfte für mehr Energie, Gesundheit & Lebensfreude

Karolin Sandersfeld

Email: info@edition-lunerion.de
www.edition-lunerion.de

Psiana eCom UG
Berumer Str. 44
26844 Jemgum

Vorwort

Orange, Multivitamin oder auch mal Mango-Ananas – Das Saftregal im Supermarkt bietet mittlerweile zwar eine breite Auswahl, die reicht allerdings um Längen nicht an den Superstar der Säfte heran: Die frischgepresste, selbstgemachte Vitaminbombe aus dem eigenen Entsafter! Wie Sie die kinderleicht, köstlich und vor allem grenzenlos vielfältig zubereiten, zeigen Ihnen die kreativen Rezeptideen in diesem Buch. Die Brombeersträucher im Garten tragen reichlich, der Nachbar schenkt Äpfel oder im Supermarkt sind gerade die Karotten im Angebot: Wer die Geschenke der Natur zu Säften verarbeitet, profitiert jederzeit vom Fruchtangebot und tut seinem Körper damit auch noch einen Riesengefallen. Denn selbstgemachte Säfte strotzen nur so vor Vitaminen und anderen wertvollen Inhaltsstoffen und schmecken nebenbei auch noch unschlagbar lecker. Und das Beste daran: Im selbstgepressten Zaubertrank ist immer nur ganz genau das drin, was Sie möchten – also statt Zucker, Konservierungsstoffe & Co. nur bestes Obst und Gemüse. Damit keine Langeweile aufkommt, sorgen Rezepte von Minze-Melone über Tomate-Sellerie bis hin zu Birne-Sauerampfer für reichlich Abwechslung und mit speziellen Wintersäften, Kindersäften oder Gesundheitssäften haben Sie für jede Situation den perfekten Drink parat.

Guten Appetit!

INHALT

An den Entsafter, fertig, los!

Die Verwendung eines Entsafters oder Dampfentsafters bringt viele Vorteile mit sich. Häufig wird beides in Kombination mit einer Saftkur zur Körperreinigung und Stärkung des Immunsystems genutzt. Doch auch um leckere und vor allem wertvolle Säfte voller Mineralien und wichtigen Spurenelementen, Vitaminen und Mikronährstoffen zu erhalten, lohnt sich der Einsatz. Sollten die Säfte für eine Saftkur gedacht sein, so ist es wichtig, darauf zu achten, den Darm zuvor zu reinigen. Wie dies funktioniert, erfahrt ihr in einem separaten Kapitel.

ENTSAFTER

Die meisten Entsafter funktionieren zumeist durch Kaltpressung mit Hilfe einer Zentrifugalkraft. Obst und Gemüse sowie Kräuter und Früchte werden dadurch mit einer integrierten Reibe zerkleinert. Durch die Schleuderbewegung der Zentrifuge wird dann den Lebensmitteln die Flüssigkeit entzogen und durch ein Sieb von festen Bestandteilen getrennt herausgegeben. Ein klassischer Vorteil ist, dass so gut wie alle Bestandteile des Obstes und Gemüses genutzt werden können. Es müssen zuvor keine Samen oder Kerne entfernt werden. Ratsam ist jedoch, vor allem bei Kaltentsaftern, auf Bio-Qualität zu achten und die Schale zuvor zu reinigen. Vor dem Kauf ist bekanntlich nach dem Kauf, deswegen ist es umso wichtiger, sich Gedanken über die Reinigung zu machen. Entsafter funktionieren alle ziemlich gleich. Wichtig ist jedoch, dass der Entsafter sich in alle Einzelteile zerlegen und reinigen lässt. Nur bei einer vollständigen Reinigung kann auch eine saubere Zubereitung gewährleistet werden.

DAMPFENTSAFTER

Dampfentsafter bringen den Vorteil, dass sie mit hoher Hitze arbeiten. Dadurch gehen jedoch je nach Gemüse oder Obst wichtige Inhaltsstoffe verloren. Die Haltbarkeit steigt dafür an. Doch wie funktioniert ein Dampfentsafter? Dieser besteht zumeist aus zwei Töpfen und einem Siebeinsatz sowie einem Ableitschlauch mit Klemme. Der Topf im unteren Bereich wird mit Wasser gefüllt, darauf kommt der Topf für das Sieb. In dessen werden die Zutaten gegeben. Nun wird der Deckel aufgelegt und der Dampfentsafter auf den Herd oder eine weitere Hitzequelle gestellt. Es dauert einige Zeit, bis sich der Dampf bildet und die Früchte oder das Gemüse zum Zerplatzen bringt. Der heiße Wasserdampf tritt indessen ein und sammelt sich als fertiger und vor allem sehr heißer Saft im Ablassschlauch. Solange die Klemme zu ist, passiert nichts und die Säfte sammeln sich weiter. Es kann je nach Menge nötig sein, den Saft zwischendurch abzuleiten. Dafür unbedingt Ofenhandschuhe anziehen und ein großes hitzebeständiges Auffanggefäß unterstellen. Die Klemme vorsichtig öffnen und den Saft auffangen. Dieser kann dann in saubere Flaschen abgefüllt, abgekühlt und getrunken oder weiterverarbeitet werden.

Ein wichtiger Punkt ist vor allem das Pasteurisieren. Vor allem, wenn Sie den Saft nicht direkt verwenden oder einfrieren möchten, ist es wichtig, dass Sie den Saft pasteurisieren. Dabei werden unliebsame und schädliche Mikroorganismen entfernt und der Saft aus frischem Obst und Gemüse wird haltbar gemacht. Wichtig ist auch hierbei eine saubere Arbeitsumgebung, sauberes Arbeitsmaterial und vor allem saubere Flaschen. Pasteurisieren bedeutet, den Gewinn und die Verarbeitung des Saftes unter 100 °C jedoch eine schnellstmögliche Erhitzung auf 72 °C - 75 °C und diese für 20 Minuten zu halten. Im Dampfentsafter funktioniert dieser Vorgang selbstständig beim Entsaften. Wichtig ist, auf die Abfüllzeit zu achten, damit der Saft nicht zu früh entnommen wird.

Es ist auch möglich, seinen fertigen Saft nachträglich zu pasteurisieren. Dafür die Flaschen zu ¾ in ein Wasserbad stellen und die Deckel entfernen. Das Wasserbad auf 75 °C erhitzen und die Flaschen auch hierbei 20 Minuten in der Hitzequelle bewahren. Danach herausnehmen und sofort verschließen.

BELIEBTES GEMÜSE UND OBST FÜR DEN ENTSAFTER

Beliebt sind vor allem saftige und milde Gemüsesorten sowie Obstsorten, die ein weiches Fruchtfleisch und wenig Fasern besitzen. So ist es nicht verwunderlich, dass vor allem diese hier beliebt sind:

Paprika

Tomate

Sellerie

Lauch

Karotte

Spinat

Rote Bete

Doch auch beim Obst gibt es diese allezeit beliebten Stücke die ebenfalls gerne genutzt werden:

Orange

Zitrone

Apfel

Birne

Melone

Weintrauben

Kiwi

Blaubeeren

DIE SAFTKUR

Eine Saftkur wird immer beliebter, vor allem, da sie im Vergleich zum herkömmlichen Fasten das Trinken von Säften erlaubt. Es gibt zahlreiche Anbieter, die eine fertige Saftkurmischung anbieten und diese als 3 Tage-Saftkuren sowie 7 Tage-Saftkuren anbieten. Dabei ist es so einfach, seine eigene Saftkur ganz an die eigenen Bedürfnisse anzupassen.

Eine Saftkur soll die Reinigungskräfte des Körpers in Gang bringen und somit die Selbstheilung fördern. Die Empfehlungen lauten, zwei bis vier Mal im Jahr eine Saftkur durchzuführen. Angepasst an den Jahreswechsel und vor allem mit regionalen Angeboten an Obst und Gemüse.

Achtung ist bei Diabetikern geboten. Durch den hohen Fructosegehalt kann eine Saftkur in einem solchen Fall gefährlich werden und sollte dringend mit einem Arzt abgeklärt sein.

Vorsicht walten lassen sollten ebenso Menschen mit einer Langzeitmedikation. Diese sollten auf Zitrusfrüchte und Papaya sowie Maracuja verzichten. Durch die Bitterstoffe wird beides gerne eingesetzt, um den Körper zu entgiften. Dies funktioniert auch wundervoll, jedoch wird die Entgiftung über die Leber angeregt und in dieser werden Langzeitmedikationen abgespeichert und im richtigen Maß an den Körper weitergegeben.

Vor der Saftkur: Darmreinigung

Einlauf, die sanfte Alternative

Um den Darm wirklich zu reinigen und dem Körper eine Möglichkeit zu geben, sich wirklich zu stärken und zu entleeren, ist es wichtig, den Darm zu unterstützen. Natürlich mögen manche Menschen keinen Einlauf und verzichten darauf, doch wer die volle Wirkung einer Saftkur nutzen möchte, setzt auf die altbewährte Methode. Einlaufsets erhalten Sie in der Apotheke sowie im Onlinehandel und in gut geführten Reformhäusern. Doch wie genau funktioniert nun so ein Einlauf? Es gibt mehrere Möglichkeiten. Zumeist werden dafür warmes Wasser (Körpertemperatur) sowie Kamillentee oder auch Kochsalz vermischt. Der Einlaufbeutel sollte über dem Körper sein, sodass die Schwerkraft für sich arbeitet. Der Schlauch kann mit etwas Vaseline angefeuchtet werden. Am einfachsten legen Sie sich auf die Seite, legen Sie sich ein Handtuch unter und winkeln Sie das Bein an. Dann lässt sich der Schlauch einfacher einführen. Erst dann wird langsam die Klemme geöffnet und das Wasser beginnt zu fließen.

Kaffeeeinlauf

In Zeiten des Krieges wurde dafür kalter Kaffee verwendet, da man keinen Zugang zu frischem Wasser mehr hatte. Dabei fand man heraus, dass Kaffeeeinläufe schmerzstillend und entzündungshemmend wirken. Vielleicht wäre auch ein Kaffeeeinlauf eine gute Alternative?

Und so wird's gemacht

Die Saftkur an sich durchzuführen ist nun kinderleicht. Zunächst stellt sich die Frage nach der zeitlichen Dauer, abhängig davon, was Sie erreichen möchten und wie „erfahren" Sie sind. Als Faustregel gilt: Saftkuren von zwei bis fünf Tagen sind üblich, je öfter Sie eine solche Kur durchführen, desto längere Intervalle können Sie problemlos wählen, über drei Wochen hinaus sollten Sie jedoch nie gehen. Ebenso möglich sind einfach einzelne Safttage, die wie ein kurzer Detox-Booster wirken und als eine Art Reset für den Körper angesehen werden können.

Was ist dann während der Kur erlaubt? Frischgepresste, selbstgemacht Direktsäfte stehen im Zentrum der Saftkur, pasteurisierte, gezuckerte Supermarktware ist tabu. Darüber hinaus ist Gemüsebrühe eine gute Ergänzung, ungesüßter Tee und Wasser sind ebenfalls erlaubt. Feste Nahrung hingegen kommt nicht auf den Speiseplan. Eine Besonderheit fällt bei vielen Rezepten ins Auge: Sie kommen mit ein wenig Öl daher, etwa Oliven- oder Leinöl. Das hat durchaus seine Berechtigung, denn es gibt einige Vitamine wie beispielsweise Vitamin A, die ohne Fett gar nicht vom Körper aufgenommen werden können. Die kleine Ölzugabe sorgt also für maximale Nährstoffausbeute und steigert den gesunden Effekt.

Die konkrete Durchführung orientiert sich an folgender Vorgehensweise: Zur optimalen Vorbereitung verzichten viele Menschen bereits in der Woche vor Beginn auf Kaffee, Nikotin und Alkohol und fahren zudem in den letzten Tagen bereits die Nahrungsaufnahme herunter. Hier wird dann weniger gegessen und auf leicht verdauliche Kost gesetzt, auch eine Darmreinigung etwa mit Glaubersalz ist möglich. In der Kurperiode selbst ersetzen Sie dann jede Mahlzeit durch 200 bis 250 Milliliter frisch gepressten Saft. Die Auswahl liegt ganz bei Ihnen, oft hilft es aber beim Durchhalten, wenn Sie Ihren üblichen „Geschmacksrhythmus" beibehalten. Das heißt, wer morgens süß isst, etwa Brot mit Marmelade oder Müsli, der greift auch gerne zu einem süßen Frühstückssaft. Ist man dann zu Mittag Pikantes gewohnt, ist ein würziger Gemüsesaft das Mittel der Wahl, dazu können Sie Gemüsebrühe zu sich nehmen. Auch beim Abendessen können Sie frei wählen und für die Zwischenzeit gilt: Tee und Wasser, so viel Sie möchten und so oft Sie möchten.

Neben der Ernährung sollten Sie die Zeit nutzen, um sich auch sonst auf Ihren Körper zu konzentrieren und ihm Gutes zu tun. Vermeiden Sie Stress, machen Sie Yoga, gehen Sie spazieren, legen Sie leichte Sporteinheiten ein – abhängig davon, wie fit Sie sich fühlen - , meditieren Sie oder was sonst bei Ihnen noch zur Wellness-Routine gehört. So gelingt es Ihnen, optimal von der Wirkung der Saftkur zu profitieren und möglichst viel Nutzen daraus auch mit in die „Zeit danach" zu nehmen.

Nach der Saftkur

Wichtig ist vor allem der Übergang vom Saftfasten zurück zu festen Lebensmitteln. Dies sollte sehr langsam und behutsam geschehen. Während der Saftkur sind der Organismus sowie auch die Darmtätigkeit heruntergefahren und eine zu schnelle Zufuhr an festen Bestandteilen könnte den Körper überfordern und mit Magen- und Darmbeschwerden einhergehen. Daher sollte am letzten Tag des Saftfastens mit einer sanften Brühe ohne Einlage begonnen werden. Am nächsten Tag kann ein halber geriebener Apfel hinzukommen. Auch etwas mild gewürzter Kartoffelbrei oder Möhrenbrei ist möglich. Wichtig ist, mit einer weichen bis breiigen Konsistenz zu beginnen und diese nur langsam zu steigern.

Viele Menschen nutzen die Chance, durch das Saftfasten gleichzeitig ihre Ernährung umzustellen. Dies funktioniert einfach und vor allem schnell, da der Körper sich zuvor von allen Giftstoffen gereinigt hat.

Frühstückssäfte

ARONIASAFT

300 ml

25 Min.

Leicht

Zutaten

500 g Aroniabeeren
2 Äpfel, in Stücke
1 Orange, halbiert

Nährwerte p. P.

532 kcal
22 g Kohlenhydrate
8 g Fett
7 g Eiweiß

1 Reinigen Sie die Beeren unter frischem Wasser und lassen Sie diese abtropfen.

2 Danach geben Sie diese mit der Orange und den Äpfeln in den Entsafter und lassen sie entsaften.

3 Vermischen Sie den aufgefangenen Saft und servieren Sie diesen frisch in Gläsern.

KOHLRABI-GRAPEFRUIT-SAFT

350 ml

20 Min.

Leicht

Zutaten

1 Kohlrabi, geschält in Stücken
3 g Ingwer, geschält
1 Salatgurke, in Stücken
1 Grapefruit, halbiert

Nährwerte p. P.

352 kcal
56 g Kohlenhydrate
6 g Fett
8 g Eiweiß

1 Geben Sie zuerst die Gurke mit dem Ingwer und dem Kohlrabi zusammen in den Entsafter und entsaften Sie alles.

2 Danach die Grapefruit in den Entsafter geben und entsaften. Beide Säfte vermischen und frisch servieren.

KIRSCH-ANANAS-SAFT

500 ml | 20 Min. | Leicht

Zutaten

300 g Kirschen, entsteint
3 g Ingwer, geschält
150 g Ananasstücke, frisch
4 Stängel Thymian

Nährwerte p. P.

233 kcal
48 g Kohlenhydrate
7 g Fett
4 g Eiweiß

1 Den Ingwer sowie die Ananasstücke und die Kirschen mit dem Thymian in den Entsafter geben und entsaften.

2 Den Saft auffangen und kalt genießen.

TOMATEN-KRESSE-SAFT

250 ml

20 Min.

Leicht

Zutaten

100 g Kresse
1 Limette, halbiert
2 Tomaten, in Stücke
10 g Meerrettich, geschält

Nährwerte p. P.

321 kcal
32 g Kohlenhydrate
4 g Fett
7 g Eiweiß

1 Geben Sie die Kresse mit dem Meerrettich und der Limette sowie den Tomaten in den Entsafter und fangen Sie den Saft auf.

2 Geben Sie diesen durch ein Sieb in ein Glas, um die Tomatenkerne herauszufiltern.

MEERRETTICHSAFT

 250 ml
 20 Min.
 Leicht

Zutaten

200 g Ananas, frisch
50 g Meerrettich, geschält
3 Stängel Minze
1 Salbeiblatt

Nährwerte p. P.

302 kcal
56 g Kohlenhydrate
5 g Fett
3 g Eiweiß

1 Die Ananas und die Minze sowie das Salbeiblatt mit dem Rettich zusammen in den Entsafter geben.

2 Den Saft auffangen und frisch servieren.

KRESSE-BROKKOLI-KICK

300 ml

25 Min.

Leicht

Zutaten

100 g Brokkoli, in Röschen
1 Bund Kresse, ohne Wurzeln
3 Orangen, halbiert
1 Zitrone, halbiert

Nährwerte p. P.

212 kcal
34 g Kohlenhydrate
2 g Fett
11 g Eiweiß

1 Geben Sie zuerst die Zitrone mit der Kresse in den Entsafter und fangen Sie den Saft auf. Danach die Orangen und den Brokkoli entsaften.

2 Zum Schluss beide aufgefangenen Säfte mischen und frisch zu sich nehmen.

ROSENKOHL-APFEL-TRAUM

250 ml

25 Min.

Leicht

Zutaten

1 grüner Apfel, in Stücken
50 g Rosenkohl
1 Limette, halbiert

Nährwerte p. P.

252 kcal
59 g Kohlenhydrate
4 g Fett
11 g Eiweiß

1 Den Rosenkohl von den äußeren Blättern befreien und den Strunk abschneiden. Die Limette mit dem Apfel und dem Rosenkohl in den Entsafter geben.

2 Den Saft gut vermischen und frisch zu sich nehmen.

SCHARFER WACHMACHER

250 ml

20 Min.

Leicht

Zutaten

250 ml Wasser, ohne Kohlensäure
1 Prise Salz
1 Prise Pfeffer
1 Salatgurke, in Stücken
50 g Rettich, in Stücken
4 g Ingwer, geschält
5 Stängel Minze

Nährwerte p. P.

49 kcal
7 g Kohlenhydrate
1 g Fett
3 g Eiweiß

1 Reinigen Sie die Minze und hacken Sie diese etwas kleiner. Geben Sie die Gurke mit dem Rettich und dem Ingwer in den Entsafter und warten Sie, bis alle Flüssigkeit heraus ist.

2 Mit der Minze und dem Wasser vermischen und das Salz sowie Pfeffer unterheben.

3 Alles eiskalt genießen.

GURKENWATER

350 ml

10 Min.

Leicht

Zutaten

2 Salatgurken, in Stücken
1 Bio-Zitrone, halbiert
2 Äpfel, in Stücken
1 Birne, in Stücken

Nährwerte p. P.

396 kcal
86 g Kohlenhydrate
2 g Fett
6 g Eiweiß

1 Geben Sie die Gurke mit den Äpfeln, Birnen und der Zitrone nach und nach in den Entsafter und fangen Sie den Saft auf.

2 Den Saft frisch servieren und den Rest kalt aufbewahren.

ROTER TRAUM

500 ml

25 Min.

Leicht

Zutaten

500 g Erdbeeren, gewaschen
200 g Brombeeren
200 g Rhabarber, in Stücken
200 g Wassermelone, in Stücken ohne Schale

Nährwerte p. P.

322 kcal
52 g Kohlenhydrate
5 g Fett
9 g Eiweiß

1 Nutzen Sie als Erstes die Brombeeren und den Rhabarber und geben Sie beides zusammen in den Entsafter.

2 Danach die Erdbeeren hinzufügen und ebenfalls entsaften.

3 Zum Schluss die Melone hineingeben und entsaften.

4 Die aufgefangenen Säfte gut vermischen und frisch servieren.

Fruchtsäfte

ZUCCHINI-APFEL-SAFT

250 ml 15 Min. Leicht

Zutaten

1 TL Leinöl
100 g Zucchini, in Stücken
2 grüne Äpfel, in Stücken
1 Bio-Limette

Nährwerte p. P.

263 kcal
59 g Kohlenhydrate
1 g Fett
3 g Eiweiß

1 Reinigen Sie die Limette unter heißem Wasser und trocknen Sie diese gut ab. Danach die Limette in zwei Hälften teilen und in den Entsafter geben. Die Äpfel und Zucchini hinzufügen und alles zusammen entsaften.

2 Die Säfte mit dem Öl vermischen und frisch genießen.

MINZE-MELONEN-SAFT

350 ml 15 Min. Leicht

Zutaten

250 g Honigmelone, in Stücken ohne Schale
1 Nektarine, ohne Kern in Stücken
½ Bund Minze
1 Pfirsich, in Stücken ohne Kern

Nährwerte p. P.

236 kcal
52 g Kohlenhydrate
0 g Fett
4 g Eiweiß

1 Geben Sie zuerst den Pfirsich und die Nektarine in den Entsafter und fangen Sie den Saft auf. Danach die Minze mit der Melone hineingeben und ebenfalls entsaften.

2 Beide Säfte gut miteinander vermischen und servieren.

KIRSCH-GURKEN-SAFT

250 ml

20 Min.

Leicht

Zutaten

300 g Kirschen, entsteint
3 g Ingwer, geschält
1 Salatgurke, in Stücken

Nährwerte p. P.

222 kcal
46 g Kohlenhydrate
2 g Fett
5 g Eiweiß

1 Den Ingwer mit der Gurke entsaften und danach die Kirschen in den Entsafter füllen.

2 Die Säfte vermischen und gut gekühlt genießen.

ROSMARIN-GRÜNER APFEL-SAFT

500 ml | 20 Min. | Leicht

Zutaten

2 Stängel Rosmarin, zum Garnieren
500 g grüne Äpfel

Nährwerte p. P.

305 kcal
72 g Kohlenhydrate
0 g Fett
2 g Eiweiß

1 Waschen Sie die Äpfel ordentlich unter frischem Wasser und entfernen Sie die Kerngehäuse.

2 Die Äpfel in den Entsafter geben und den Saft auffangen.

3 Den Saft jeweils mit einem Stängel Rosmarin in einem Glas servieren.

ANANAS-KOKOSWASSER-SAFT

500 ml

20 Min.

Leicht

Zutaten

1 Ananas, frisch
100 ml Kokoswasser

Nährwerte p. P.

836 kcal
185 g Kohlenhydrate
3 g Fett
7 g Eiweiß

1 Nehmen Sie die Ananas und befreien Sie diese von Strunk und Schale. Das Fruchtfleisch in Stücke schneiden und im Entsafter entsaften.

2 Den gewonnenen Saft mit dem Kokoswasser vermischen und kühl genießen.

RHABARBER-SELLERIE-SAFT

250 ml

35 Min.

Leicht

Zutaten

8 Stängel Rhabarber
1 Stängel Sellerie
1 roter Apfel

Nährwerte p. P.

204 kcal
38 g Kohlenhydrate
1 g Fett
5 g Eiweiß

1 Den Apfel waschen und abtrocknen, den Strunk und das Kerngehäuse entfernen. Danach in Stücke schneiden.

2 Den Sellerie waschen und in Stücke schneiden. Den Rhabarber waschen und abtrocknen. Holzige Stücke mit einem scharfen Messer entfernen und den Rest in Stücke schneiden.

3 Die Fruchtstücke und den Sellerie in den Entsafter geben und den Saft auffangen. In ein Glas umfüllen und servieren.

APFEL-ERDBEEREN-SAFT

250 ml

25 Min.

Leicht

Zutaten

300 g Erdbeeren
1 grüner Apfel
1 roter Apfel

Nährwerte p. P.

340 kcal
74 g Kohlenhydrate
1 g Fett
4 g Eiweiß

1 Nehmen Sie das Obst und reinigen Sie dieses unter frischem Wasser, gut abtropfen lassen und die Erdbeeren vom Grün trennen.

2 Die Äpfel aufschneiden und den Strunk mit Kerngehäuse heraustrennen.

3 Das Obst nacheinander in den Entsafter geben und den Saft auffangen. Die Säfte gut vermischen und genießen.

ORANGEN-KAROTTEN-GLÜCK

500 ml

25 Min.

Leicht

Zutaten

5 Möhren
8 Orangen
4 g Ingwer, geschält
1 TL Leinsamenöl

Nährwerte p. P.

751 kcal
148 g Kohlenhydrate
3 g Fett
16 g Eiweiß

1 Nehmen Sie die Möhren und reinigen Sie diese unter Wasser, trocknen Sie diese ab. Schneiden Sie die Möhren etwas kleiner und geben Sie die Möhren mit dem Grün in den Entsafter.

2 Die Orangen in Viertel schneiden und ebenfalls in den Entsafter geben. Den Ingwer hinzufügen und alles entsaften.

3 Die Säfte mit dem Leinsamenöl vermischen und kühl servieren.

LIMETTEN-APFEL-GURKEN-SAFT

500 ml

35 Min.

Leicht

Zutaten

2 Salatgurken, in Stücken
2 grüne Äpfel, in Stücken
2 Bio-Limetten, halbiert

Nährwerte p. P.

328 kcal
70 g Kohlenhydrate
2 g Fett
6 g Eiweiß

1 Fügen Sie die Gurken mit der Limette und den Äpfeln nach und nach in den Entsafter und fangen Sie den Saft auf.

2 Lassen Sie den Saft für zehn Minuten im Kühlschrank ruhen und servieren Sie diesen gut gekühlt.

SPINAT-APFEL-SAFT

200 ml

20 Min.

Leicht

Zutaten

200 g Spinat, frisch
1 Bio-Zitrone, halbiert
4 rote Äpfel, in Stücken
2 g Ingwer, in Scheiben
1 TL Olivenöl

Nährwerte p. P.

522 kcal
116 g Kohlenhydrate
1 g Fett
8 g Eiweiß

1 Nehmen Sie den Ingwer mit der Zitrone und entsaften Sie beides. Danach die Äpfel und den Spinat entsaften und beide Säfte gut mit dem Öl vermischen.

2 Den Saft frisch servieren.

Beerensäfte

BROMBEEREN-BASILIKUM-SAFT

200 ml

10 Min.

Leicht

Zutaten

300 g Brombeeren
4 Stängel Basilikum
1 roter Apfel, in Stücken

Nährwerte p. P.

212 kcal
37 g Kohlenhydrate
3 g Fett
4 g Eiweiß

1 Nehmen Sie die Brombeeren und reinigen Sie diese unter frischem Wasser, danach gut abtropfen lassen. Die Brombeeren mit dem Apfel und dem Basilikum in den Entsafter geben und alles zusammen entsaften.

2 Den Saft gut vermischen und frisch servieren.

BIRNEN-HIMBEEREN-SAFT

 250 ml

 15 Min.

 Leicht

Zutaten

150 g Himbeeren
3 Birnen
2 Stängel Minze

Nährwerte p. P.

254 kcal
56 g Kohlenhydrate
2 g Fett
4 g Eiweiß

1 Waschen Sie die Himbeeren und die Birnen unter frischem Wasser und lassen Sie alles gut abtropfen. Die Birnen halbieren und den Strunk entfernen, das Fruchtfleisch in Stücke schneiden.

2 Alle Zutaten zusammen im Entsafter entsaften und den Saft gut vermischen und servieren.

ERDBEER-ROTE-BETE-SAFT

250 ml

25 Min.

Leicht

Zutaten

1 Bio-Zitrone, halbiert
1 Kugel Rote Bete
200 g Erdbeeren

Nährwerte p. P.

173 kcal
29 g Kohlenhydrate
2 g Fett
4 g Eiweiß

1 Die Erdbeeren waschen und abtropfen lassen, das Grün der Erdbeeren entfernen. Die Rote Bete abwaschen und abtrocknen. Achtung: Die Rote Bete färbt. Nun die Rote Bete in Stücke schneiden.

2 Alle Zutaten in den Entsafter geben und den gewonnenen Saft vor dem Servieren gut miteinander vermischen.

BLAUBEEREN-FENCHEL-SAFT

250 ml

25 Min.

Leicht

Zutaten

1 Fenchelknolle mit Grün, in Stücken
200 g Blaubeeren
100 g Brombeeren
1 Bio-Limette, halbiert

Nährwerte p. P.

114 kcal
18 g Kohlenhydrate
2 g Fett
2 g Eiweiß

1 Die Beeren unter klarem Wasser abwaschen und abtropfen lassen.

2 Die Beeren und die Limette mit dem Fenchel vermischen und nach und nach im Entsafter entsaften lassen.

3 Die Säfte frisch servieren.

STACHELBEEREN-ORANGEN-SAFT

350 ml

25 Min.

Leicht

Zutaten

4 Orangen, in Viertel
200 g Stachelbeeren
3 g Ingwer, geschält
2 Stängel Thymian

Nährwerte p. P.

426 kcal
83 g Kohlenhydrate
2 g Fett
9 g Eiweiß

1 Geben Sie zuerst den Ingwer und den Thymian mit den Stachelbeeren in den Entsafter und fangen Sie den Saft auf. Die Orangen in den Entsafter geben und den Saft ebenfalls auffangen.

2 Die Säfte vermischen und in Gläsern servieren.

ERDBEER-CHILI-SAFT

250 ml

15 Min.

Leicht

Zutaten

1 Chili, halbiert
300 g Erdbeeren
2 Stangen Rhabarber
1 roter Apfel

Nährwerte p. P.

260 kcal
50 g Kohlenhydrate
2 g Fett
5 g Eiweiß

1 Den Apfel und die Erdbeeren unter frischem Wasser abwaschen. Den Apfel halbieren und Strunk sowie Kerngehäuse herausnehmen. Die Erdbeeren vom Grün trennen.

2 Den Rhabarber schälen und die holzigen Stücke entfernen. Danach in Stücke schneiden.

3 Nun Erdbeeren, Apfel, Rhabarber und Chili in den Entsafter geben und den Saft frisch genießen.

FELDSALAT-BLAUBEER-SAFT

350 ml

25 Min.

Leicht

Zutaten

200 g Blaubeeren
200 g Feldsalat
1 Birne, in Stücken
1 Apfel, in Stücken
200 g Ananas, in Stücken

Nährwerte p. P.

420 kcal
87 g Kohlenhydrate
3 g Fett
7 g Eiweiß

1 Die Blaubeeren und den Salat unter klarem Wasser reinigen und abtropfen lassen.

2 Geben Sie zuerst die Blaubeeren mit dem Feldsalat in den Entsafter und fangen Sie den Saft auf. Danach die Birnen, Apfelstücke und Ananasstücke hineingeben und ebenfalls entsaften.

3 Die Säfte vermischen und zusammen frisch servieren.

ORANGEN-KURKUMA-STACHELBEEREN-SAFT

400 ml

20 Min.

Leicht

Zutaten

6 Orangen, halbiert
3 g Kurkuma, in Scheiben
3 g Ingwer, in Scheiben
200 g Stachelbeeren

Nährwerte p. P.

606 kcal
118 g Kohlenhydrate
3 g Fett
13 g Eiweiß

1 Geben Sie zuerst die Stachelbeeren mit der Kurkuma und dem Ingwer in den Entsafter und fangen Sie den Saft in einem Behälter auf.

2 Danach nacheinander die Orangen entsaften und beide Säfte vermischt servieren.

ERDBEEREN-PFEFFERMINZ-SAFT

200 ml 10 Min. Leicht

Zutaten

500 g Erdbeeren
8 Stängel Pfefferminze
1 Bio-Zitrone, halbiert
1 Apfel, in Stücken

Nährwerte p. P.

282 kcal
56 g Kohlenhydrate
2 g Fett
5 g Eiweiß

1 Die Erdbeeren waschen und abtropfen lassen, danach das Grün entfernen.

2 Den Apfel mit der Pfefferminze in den Entsafter geben und entsaften. Die Erdbeeren mit der Zitrone ebenfalls in den Entsafter geben und entsaften.

3 Beide Säfte vermischen und in Gläsern anrichten.

BEERENMIXSAFT

200 ml

10 Min.

Leicht

Zutaten

100 g Blaubeeren
100 g Himbeeren
200 g Erdbeeren
50 g Stachelbeeren
80 g Gojibeeren
2 grüne Äpfel

Nährwerte p. P.

666 kcal
129 g Kohlenhydrate
4 g Fett
15 g Eiweiß

1 Die Äpfel abwaschen, abtrocknen und vom Strunk und Kerngehäuse befreien.

2 Die Beeren gründlich unter frischem Wasser abwaschen und abtropfen lassen.

3 Alles zusammen nach und nach in den Entsafter geben und den Saft auffangen und frisch servieren.

Gemüsesäfte

TOMATEN-CHILI-SAFT

250 ml

20 Min.

Leicht

Zutaten

1 Bio-Limette, halbiert
500 g Tomaten
½ Chilischote

Nährwerte p. P.

85 kcal
13 g Kohlenhydrate
1 g Fett
5 g Eiweiß

1 Waschen Sie die Tomaten und trocknen Sie diese gut ab. Die Limette mit der Chilischote und den Tomaten in den Entsafter füllen und den Saft auffangen.

2 Der Tomatensaft sollte immer kalt und frisch serviert werden.

GRÜNKOHL-APFEL-BIRNEN-SAFT

 350 ml
 15 Min.
 Leicht

Zutaten

300 g Grünkohl
3 grüne Äpfel
2 Birnen
4 g Ingwer, geschält
1 Bio-Zitrone, halbiert

Nährwerte p. P.

612 kcal
126 g Kohlenhydrate
4 g Fett
16 g Eiweiß

1 Waschen Sie die einzelnen Grünkohlblätter und lassen Sie diese gut abtropfen.

2 Äpfel und Birnen gründlich unter frischem Wasser reinigen, abtrocknen und den Strunk sowie das Kerngehäuse entfernen.

3 Alles zusammen in den Entsafter geben und die Säfte gut vermischt servieren.

SAUERKRAUT-ANANAS-SAFT

500 ml 25 Min. Leicht

Zutaten

1 Kopf Weißkohl
1 Bio-Zitrone, halbiert
3 g Ingwer, geschält
200 g Ananas, in Stücken

Nährwerte p. P.

426 kcal
49 g Kohlenhydrate
19 g Fett
8 g Eiweiß

1 Die Zitrone mit dem Ingwer und der Ananas in den Entsafter geben und den Saft auffangen.

2 Den Weißkohl von den äußeren Blättern befreien und den Rest in Stücke schneiden. Den Weißkohl ebenfalls nach und nach im Entsafter entsaften und die Säfte gut vermischen.

TOMATEN-SELLERIE-SAFT

1 l 25 Min. Leicht

Zutaten

2 Salatgurken, in Stücken
200 g Möhren, in Stücken
500 g Tomaten, in Stücken
200 g Selleriestangen, in Stücken
1 Bio-Zitrone, halbiert
4 Stängel Petersilie
2 Stängel Basilikum

Nährwerte p. P.

269 kcal
44 g Kohlenhydrate
3 g Fett
13 g Eiweiß

1 Stellen Sie einen großen Behälter zum Saftauffangen bereit und beginnen Sie mit den festeren Zutaten. Diese in den Entsafter füllen und den Saft auffangen. Danach die weicheren Zutaten hineingeben und ebenfalls den Saft auffangen.

2 Die Säfte vermischen und gut gekühlt servieren.

SELLERIE-PETERSILIEN-SAFT

250 ml

25 Min.

Leicht

Zutaten

8 g Ingwer, geschält
250 g Spinat, frisch
1 Bund Petersilie
2 grüne Äpfel, in Stücken
1 Bio-Zitrone, halbiert

Nährwerte p. P.

291 kcal
59 g Kohlenhydrate
1 g Fett
8 g Eiweiß

1 Den Spinat unter frischem Wasser reinigen und gut abtropfen lassen. Die Petersilie ebenfalls unter frischem Wasser reinigen und gut trocken schütteln.

2 Die Zutaten zusammen in den Entsafter geben und den Saft auffangen.

3 Den Saft in schöne Gläser füllen und servieren.

KIWI-GRÜNKOHL-SAFT

400 ml | 25 Min. | Leicht

Zutaten

8 Grünkohlblätter
4 Kiwi, geschält
2 Bio-Orangen, halbiert
1 roter Apfel, in Stücken

Nährwerte p. P.

542 kcal
100 g Kohlenhydrate
4 g Fett
14 g Eiweiß

1 Die Kiwi mit der Orange in den Entsafter geben und den Saft auffangen.

2 Die Grünkohlblätter abwaschen und trocken schütteln, danach mit dem Apfel in den Entsafter geben und alles zusammen mit dem Orangen-Kiwi-Saft vermischen.

3 Den Saft kühl und frisch servieren.

RÖMERSALAT MIT GURKE

400 ml

15 Min.

Leicht

Zutaten

2 Salatgurken, in Stücken
1 Römersalat, in einzelnen Blättern
1 Bio-Limette, halbiert
6 g Ingwer, geschält
1 Kiwi, geschält
2 Selleriestangen, in Stücken

Nährwerte p. P.

223 kcal
34 g Kohlenhydrate
3 g Fett
11 g Eiweiß

1 Die Salatgurke mit dem Salat entsaften und danach die Limette sowie den Ingwer mit der Kiwi und den Selleriestangen hineingeben.

2 Auch diese entsaften und beide Säfte miteinander vermischen.

MANGOLD-ERDBEER-SAFT

250 ml

15 Min.

Leicht

Zutaten

6 Mangoldblätter
300 g Erdbeeren
2 Bio-Limetten, halbiert
1 Salatgurke, in Stücken

Nährwerte p. P.

201 kcal
30 g Kohlenhydrate
3 g Fett
10 g Eiweiß

1 Die Erdbeeren und den Mangold reinigen und in kleine Stücke schneiden.

2 Die Limette sowie die Salatgurke zusammen mit dem Mangold und den Erdbeeren in den Entsafter geben und den gewonnenen Saft gut vermischt servieren.

GURKEN-KIRSCH-SAFT

1 l | 15 Min. | Leicht

Zutaten

400 g Kirschen, entsteint
3 Salatgurken, in Stücken
2 grüne Äpfel, in Stücken
1 Bio-Zitrone, halbiert

Nährwerte p. P.

610 kcal
129 g Kohlenhydrate
4 g Fett
11 g Eiweiß

1 Die Zutaten vermischen und gut vermischt in den Entsafter geben. Diesen nach und nach arbeiten lassen und den Saft auffangen.

2 Nachdem alles fertig entsaftet ist, wird der Saft erneut gut durchgerührt und serviert.

PAPRIKA-ANANAS-SAFT

500 ml

15 Min.

Leicht

Zutaten

350 g Ananas, in Stücken
2 gelbe Paprika, in Stücken
1 Salatgurke, in Stücken
5 g Ingwer, geschält
1 EL Olivenöl

Nährwerte p. P.

339 kcal
68 g Kohlenhydrate
2 g Fett
7 g Eiweiß

1 Nehmen Sie die Paprika mit dem Ingwer und etwas Salatgurke und geben Sie es in den Entsafter, danach die restlichen Zutaten bis auf das Öl hineingeben und alles entsaften.

2 Den fertigen Saft mit dem Öl vermischen und gut gekühlt servieren.

Kräutersäfte

APFEL-PETERSILIEN-SAFT

350 ml | 15 Min. | Leicht

Zutaten

1 Bund Petersilie
2 Äpfel, in Stücken
1 Birne, in Stücken

Nährwerte p. P.

312 kcal
74 g Kohlenhydrate
1 g Fett
2 g Eiweiß

1 Die Petersilie waschen und abtropfen lassen.

2 Die Kräuter nach und nach mit der Birne und den Äpfeln im Entsafter entsaften und den aufgefangenen Saft frisch genießen.

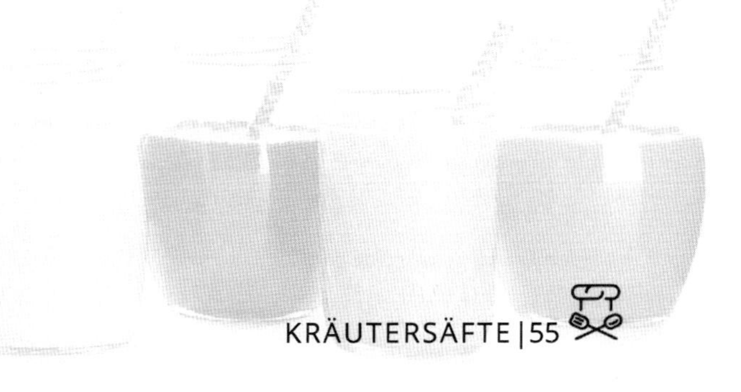

INGWER-SPINAT-ROSMARIN-SAFT

250 ml

25 Min.

Leicht

Zutaten

200 g Spinat, frisch
2 Stängel Rosmarin
8 g Ingwer, in Scheiben
3 Birnen, in Stücken

Nährwerte p. P.

237 kcal
49 g Kohlenhydrate
2 g Fett
7 g Eiweiß

1 Die Birnen mit dem Ingwer entsaften und nach und nach den Spinat hinzufügen und ebenfalls entsaften. Den Rosmarin zu den Birnen geben und mit entsaften.

2 Alle Säfte gut vermischen und auf Gläser aufteilen und servieren.

HAGEBUTTE & KRÄUTER AUS DEM DAMPFER

1 l | 45 Min. | Leicht

Zutaten

9 Hagebutten, halbiert
5 Stängel Pfefferminze
7 Stängel Kamille
3 Stängel Minze
1 Bio-Zitrone, in Scheiben
8 g Ingwer, in Scheiben

Nährwerte p. P.

175 kcal
29 g Kohlenhydrate
1 g Fett
4 g Eiweiß

1 Füllen Sie in den unteren Topf mit Wasser bis zur Markierung. Dann setzen Sie den zweiten Topf mit Siebeinsatz darauf.

2 Alle Zutaten hineingeben und den Entsafter erhitzen.

3 Den Saft entstehen lassen und heiß oder kalt servieren.

APFEL-SALBEI HALSWOHLSAFT

1 l

45 Min.

Leicht

Zutaten

3 Äpfel, in Stücken
5 Stängel Salbei
2 Stängel Melisse
4 Stängel Fenchel

Nährwerte p. P.

366 kcal
86 g Kohlenhydrate
0 g Fett
2 g Eiweiß

1 Füllen Sie einen Liter Wasser in Ihren Entsafter und setzen Sie den zweiten Topf mit Siebeinsatz auf. Geben Sie die Zutaten hinein und verschließen Sie alles mit dem Deckel.

2 Erhitzen Sie den Entsafter und fangen Sie den gewonnenen Saft auf. Dieser kann heiß und kalt genossen werden.

BIRNEN-SAUERAMPFER-SAFT

250 ml

15 Min.

Leicht

Zutaten

300 g Sauerampfer
2 Birnen, in Stücken
1 Bio-Limette, halbiert
2 g Ingwer, in Scheiben

Nährwerte p. P.

201 kcal
36 g Kohlenhydrate
2 g Fett
11 g Eiweiß

1 Geben Sie die Limette mit dem Ingwer in den Entsafter und fangen Sie den Saft auf. Sauerampfer und Birnen ebenfalls in den Entsafter geben und ebenso entsaften.

2 Vermischen Sie beide Säfte miteinander und genießen Sie den Saft gut gekühlt.

MINZE-ORANGEN-SAFT

 250 ml
 15 Min.
 Leicht

Zutaten

2 Bio-Orange, in Viertel
4 Stängel Minze
2 Stängel Thymian
1 Rosmarinzweig

Nährwerte p. P.

169 kcal
33 g Kohlenhydrate
1 g Fett
4 g Eiweiß

1 Zerkleinern Sie bei Bedarf die Kräuter und geben Sie diese mit der Orange in den Entsafter.

2 Entsaften Sie die Zutaten zusammen und servieren Sie den Saft frisch.

MELISSE-BIRNEN-SAFT

250 ml

15 Min.

Leicht

Zutaten

2 Birnen
8 Stängel Zitronenmelisse

Nährwerte p. P.

135 kcal
32 g Kohlenhydrate
1 g Fett
1 g Eiweiß

1 Nehmen Sie die Birnen und reinigen Sie diese unter frischem Wasser, danach in Viertel schneiden und den Strunk sowie das Kerngehäuse entfernen.

2 Die Birnen zusammen mit der Melisse in den Entsafter geben und den Saft gut vermischt genießen.

APFEL-KAMILLE-SAFT

1 l

45 Min.

Leicht

Zutaten

50 g Kamillenblüten
500 g Äpfel, in Stücken
1 Zimtstange
2 Sternanis

Nährwerte p. P.

483 kcal
105 g Kohlenhydrate
2 g Fett
8 g Eiweiß

1 Den Dampfentsafter auf dem Herd vorbereiten und mit Wasser bis zur Markierung füllen. Die Zutaten in den Siebeinsatz geben und den Dampfentsafter erhitzen.

2 Den fertigen Saft warm genießen.

GURKEN-BRUNNENKRESSE-SAFT

250 ml

15 Min.

Leicht

Zutaten

1 Salatgurke
2 Stängel Minze
100 g Brunnenkresse

Nährwerte p. P.

77 kcal
9 g Kohlenhydrate
1 g Fett
6 g Eiweiß

1 Reinigen Sie die Salatgurke unter frischem Wasser und trocknen Sie diese gut ab. Danach in Stücke schneiden.

2 Die Gurke mit der Minze und der Brunnenkresse in den Entsafter geben und den Saft auffangen. Diesen frisch verrührt genießen.

Spezielle Gesundheitssäfte

BRAIN JUICE – GUT FÜRS GEHIRN

350 ml

15 Min.

Leicht

Zutaten

1 Avocado
150 g Wassermelone, in Stücken
1 Apfel, in Stücken
8 Pflaumen, halbiert
100 g Weintrauben, halbiert
100 g Kirschen, entsteint

Nährwerte p. P.

813 kcal
105 g Kohlenhydrate
39 g Fett
9 g Eiweiß

1 Die Avocado halbieren und den Stein herauslösen. Das Fruchtfleisch in Stücke schneiden.

2 Alle Zutaten zusammen in den Entsafter geben und den Saft auffangen.

3 Den Saft gut gekühlt servieren.

Tipp: Durch die ungesättigten Fettsäuren der Früchte ist dieser Saft vor allem für die Förderung von Gedächtnis und Denkvermögen geeignet.

EISENMANGEL-KING

1 l

20 Min.

Leicht

Zutaten

2 Äpfel
200 g Möhren
700 g Rote Bete
1 Bio-Orange, halbiert
1 Bio-Zitrone, halbiert
1 EL Olivenöl

Nährwerte p. P.

773 kcal
158 g Kohlenhydrate
3 g Fett
17 g Eiweiß

1 Nehmen Sie eine große Kanne zum Auffangen des Saftes. Reinigen Sie die Äpfel, Rote Bete und Möhren unter frischem Wasser und trocknen Sie diese gut ab.

2 Geben Sie zuerst die Orangen und Zitronenhälften in den Entsafter, danach die Möhren und Rote Bete und zum Schluss die Äpfel.

3 Vermischen Sie alles gut mit dem Öl und trinken Sie den Saft über den Tag verteilt.

Tipp: Dank der Roten Bete, die einen stolzen Eisenanteil von 1,8 mg auf 200 g rohes Gemüse enthält, ist jede Müdigkeit verschwunden. Mit diesem Eisengehalt liefert die Rote Bete mit einer Mahlzeit oder einem Saft 15 % des empfohlenen Tagesbedarfs.

ANTI AGING-SAFT

250 ml

25 Min.

Leicht

Zutaten

6 g Ingwer, geschält
200 g Brombeeren
100 g Erdbeeren

Nährwerte p. P.

116 kcal
20 g Kohlenhydrate
2 g Fett
2 g Eiweiß

1 Die Brombeeren unter fließendem Wasser reinigen und abtropfen lassen. Den Ingwer mit den Brombeeren in den Entsafter geben und den Saft auffangen.

2 Die Erdbeeren waschen und gut abtropfen lassen, vom Grün trennen und im Entsafter entsaften.

3 Den Saft mit dem Saft der Brombeeren vermischen und frisch servieren.

Tipp: Ingwer wirkt entgiftend, entschlackend und antiseptisch. So wirkt er etwa gegen Akne und reduziert die Faltenbildung. Erdbeeren und Brombeeren sind reich an Antioxidantien, die ebenfalls für ein schönes Hautbild sorgen.

IMMUNBOOSTER

 250 ml
 10 Min.
 Leicht

Zutaten

8 g Ingwer, geschält
8 g Kurkuma, geschält
2 Möhren
1 Orange
8 Aprikosen, halbiert
300 g Ananas, in Stücken

Nährwerte p. P.

383 kcal
75 g Kohlenhydrate
2 g Fett
10 g Eiweiß

1 Die Zutaten zusammen in den Entsafter geben und den Saft auffangen.

2 Der Saft sollte immer frisch genossen werden.

Tipp: Ingwer ist nicht nur entgiftend, er besitzt auch die perfekte Möglichkeit, das Immunsystem anzuregen. Ein weiteres Gewächs aus der Familie ist Kurkuma, das ebenfalls ein weites Wirkungsspektrum auf das Immunsystem hat. Dazu kommen Ananas, Orange und Möhren mit den Vitaminen A, B und C als als ultimative Booster.

ANTI BLÄHBAUCH-TRUNK

500 ml

20 Min.

Leicht

Zutaten

2 Äpfel
½ Fenchelknolle
2 Birnen
1 Orange, halbiert
200 ml Wasser, ohne Kohlensäure

Nährwerte p. P.

464 kcal
106 g Kohlenhydrate
1 g Fett
4 g Eiweiß

1 Die Äpfel und Birnen gründlich waschen und grob zerkleinern. Die Fenchelknolle ebenfalls reinigen und zerkleinern, das Grün darf dran bleiben.

2 Nun alles nach und nach in den Entsafter geben und mit dem Wasser vermischen und servieren.

Tipp: Fenchel wirkt nicht nur entspannend, die Knolle wirkt vor allem auch krampflösend und gegen Völlegefühl, Bauchschmerzen sowie Blähungen.

VITAMIN C-BOOSTER

 250 ml

 10 Min.

 Leicht

Zutaten

1 EL Leinöl
50 g Weintrauben
100 g Acerola
1 Apfel
1 Bio-Zitrone, halbiert
1 Bio-Orange, halbiert
200 g Honigmelone

Nährwerte p. P.

352 kcal
78 g Kohlenhydrate
1 g Fett
5 g Eiweiß

1 Waschen Sie den Apfel und schneiden Sie diesen in Stücke. Den Apfel mit der Honigmelone und den Weintrauben in den Entsafter geben und entsaften. Die Orange und Zitrone ebenso entsaften.

2 Die aufgefangenen Säfte mit dem Öl vermischen und kühl servieren.

Tipp: Die Weintrauben sind ein wahrer Geheimtipp. Trotz ihres hohen Zuckeranteils bringen sie etwas viel Wichtigeres mit sich: Kalium, dieses regt die Nierentätigkeit an und spült Giftstoffe schneller aus dem Körper. Gepaart mit den Vitaminen des Apfels, der Acerola und der Orange bekommt der Körper hier wahre Power.

GREEN POWER

250 ml

10 Min.

Leicht

Zutaten

3 Stängel Basilikum
1 Bio-Limette, halbiert
200 g Spinat, frisch
4 g Ingwer, geschält
2 Äpfel, gehackt
100 ml Wasser, ohne Kohlensäure

Nährwerte p. P.

278 kcal
59 g Kohlenhydrate
1 g Fett
6 g Eiweiß

1 Entsaften Sie die Äpfel zusammen mit dem Spinat und dem Basilikum. Geben Sie danach den Ingwer mit der Limette in den Entsafter und entsaften Sie diese ebenfalls.

2 Alle aufgefangenen Säfte gut vermischen und frisch servieren.

Tipp: Basilikum wird schon lange in der alten Medizin und Kräuterkunde gegen Gelenkbeschwerden eingesetzt. Zudem reduziert Basilikum Stress und beruhigt den Magen. Es lindert Entzündungen und gepaart mit Spinat und Ingwer, ebenfalls beruhigende Wirkstoffe, haben Sie hier die richtige Wahl für einen entspannten und sanften Weg, den Körper zu unterstützen.

SAFT FÜR SCHÖNE HAARE

250 ml

10 Min.

Leicht

Zutaten

1 Papaya, in Stücken
2 Orangen, in Stücken
1 Bio-Zitrone, halbiert
1 EL Leinsamenöl

Nährwerte p. P.

649 kcal
140 g Kohlenhydrate
2 g Fett
11 g Eiweiß

1 Geben Sie die Orange mit der Zitrone und der Papaya in den Entsafter und fangen Sie den Saft auf.

2 Den Saft mit dem Leinsamenöl vermischen und genießen.

Tipp: Papaya heißt das neue Wundermittel für schönes Haar. In ihr steckt eine beachtliche Menge an Vitamin C, welches die Produktion von Kollagen ankurbelt und somit das Haar schützt. Außerdem regt Papaya gleichzeitig das Haarwachstum an und hilft gegen Schuppen.

SAFT FÜR GUTE AUGEN

250 ml 15 Min. Leicht

Zutaten

2 Orangen, halbiert
4 Möhren, in Stücken
100 g Blattspinat
1 Bio-Zitrone, halbiert
1 Grapefruit, halbiert

Nährwerte p. P.

379 kcal
72 g Kohlenhydrate
1 g Fett
7 g Eiweiß

1 Geben Sie die Zitrone mit der Grapefruit in den Entsafter und fangen Sie den Saft auf. Danach die Möhrenstücke, den Spinat sowie die Orangen zusammen hineingeben und ebenfalls den Saft auffangen.

2 Beide Säfte vermischen und frisch darreichen.

Tipp: Grapefruit und Spinat sind bei diesem Saft das Zaubermittel. Sie wirken der Makuladegeneration entgegen und schützen vor allem gegen Augenbeschwerden des Alters, vor allem dem grauen Star. Daneben ist natürlich das Betakarotin eine Vorstufe des Vitamin A und dieses ist wichtig und gesund für eine perfekte Sehkraft. Daneben spielt jedoch auch Vitamin C eine große Rolle, welches die Zitrone sowie die Orange liefert.

SAFT GEGEN SODBRENNEN

250 ml

15 Min.

Leicht

Zutaten

8 Blätter Weißkohl, in Stücken
300 g Weintrauben
7 g Ingwer, geschält

Nährwerte p. P.

228 kcal
42 g Kohlenhydrate
1 g Fett
6 g Eiweiß

1 Die Zutaten zusammen in den Entsafter geben und den Saft auffangen.

2 Der Saft sollte für 15 Minuten im Kühlschrank gekühlt und danach schluckweise getrunken werden. Gegebenenfalls mit Kamillentee mischen.

Tipp: Weißkohl hat die wundervolle Wirkung, den pH-Wert im Mageninneren zu neutralisieren und somit gegen Sodbrennen zu wirken. Ingwer führt mit seiner Schärfe dazu, dass sich mehr Speichel bildet und das stetige Brennen durch die erhöhte Magensäure verschwindet.

SAFT GEGEN MUNDGERUCH

250 ml

25 Min.

Leicht

Zutaten

3 Äpfel, in Stücken
1 Bio-Zitrone, halbiert
½ Bund Petersilie
½ Bund Basilikum

Nährwerte p. P.

366 kcal
86 g Kohlenhydrate
0 g Fett
2 g Eiweiß

1 Geben Sie die Äpfel mit der Zitrone und dem Basilikum sowie der Petersilie in den Entsafter.

2 Entsaften Sie alle Zutaten und vermischen Sie den Saft vor dem Verzehr erneut.

Tipp: Zitrone ist nicht nur gesund, sie kann durch ihren hohen Säuregehalt auch ein wahres Wundermittel bei Mundgeruch sein. Durch die Säure wird der Mundraum von Bakterien befreit und der Speichelfluss angeregt.

SAFT GEGEN ERMÜDUNG

250 ml

15 Min.

Leicht

Zutaten

100 g Acerolakirschen, entsteint
100 g Aroniabeeren
100 g weiße Trauben, halbiert
2 rote Äpfel, in Stücken
1 Bio-Limette, halbiert

Nährwerte p. P.

375 kcal
86 g Kohlenhydrate
1 g Fett
3 g Eiweiß

1 Nehmen Sie die Trauben, Acerolakirschen, Aroniabeeren und Äpfel und geben Sie diese in den Entsafter. Fangen Sie den Saft auf. Die Limette in den Entsafter geben und diesen Saft ebenfalls auffangen.

2 Beide Säfte gut vermischen und genießen.

Tipp: Dieser Saft strotzt vor Vitamin C und bekämpft Müdigkeit mit Leichtigkeit. Zusätzlich wird das Immunsystem unterstützt und Krankheitserreger haben kaum eine Angriffsfläche.

SAFT GEGEN MUSKELKATER

450 ml

15 Min.

Leicht

Zutaten

500 g Kirschen, entsteint
1 Salatgurke, in Stücken
2 Orangen, halbiert

Nährwerte p. P.

511 kcal
106 g Kohlenhydrate
3 g Fett
10 g Eiweiß

1 Die Kirschen in den Entsafter geben und den Saft auffangen. Die Salatgurke ebenfalls entsaften und den Saft zu dem Kirschsaft hinzufügen.

2 Zum Schluss die Orangen entsaften und alle Säfte gut vermischen.

Tipp: Die Kirsche enthält eine hohe Anzahl an Antioxidantien und wirkt entzündungshemmend. Somit beugen Sie mit einem leckeren Glas Saft vor oder nach dem Training einem lästigen Muskelkater vor. Unterstützt durch das Vitamin C der Orange fühlen Sie sich wie neu geboren.

SAFT GEGEN KOPFSCHMERZEN

250 ml

15 Min.

Leicht

Zutaten

4 Möhren
100 g Gurke
16 g Ingwer

Nährwerte p. P.

71 kcal
10 g Kohlenhydrate
1 g Fett
1 g Eiweiß

1 Nehmen Sie die Möhren, den Ingwer und die Gurke und entsaften Sie diese.

2 Das Getränk schluckweise zu sich nehmen.

Tipp: Gurken bestehen zu etwa 97 % aus Wasser, was einer Dehydrierung und damit einhergehender Kopfschmerzen entgegenwirkt. Oleoresin, ein Wirkstoff des Ingwers, hemmt ähnlich wie Aspirin das Enzym Cyclooxygenase, dessen Wirkung Kopfschmerzen verursacht, und damit gleichzeitig Kopfschmerzen.

ENTWÄSSERUNGSSAFT

1 l   45 Min.   Leicht

Zutaten

10 Stängel Brennnessel
3 Stängel Rosmarin
7 Stängel Thymian
½ Ananas, in Stücken
3 Birnen, in Stücken
1 Zitrone, in Scheiben
7 g Ingwer, in Scheiben

Nährwerte p. P.

616 kcal
140 g Kohlenhydrate
2 g Fett
5 g Eiweiß

1 Füllen Sie Ihren unteren Topf des Dampfentsafters bis zur Markierung mit Wasser. Geben Sie in den Siebeinsatz alle Zutaten und erhitzen Sie den Dampfentsafter.

2 Fangen Sie den gewonnenen Saft auf und genießen Sie diesen warm oder kalt.

Tipp: Brennnessel entwässert und wirkt somit harntreibend. Durch das Durchspülen der Harnwege werden vermehrt Giftstoffe ausgetrieben. Dies erleichtert dem Körper die eigene Stärkung und Reinigung. Ananas hingegen regt die Verdauung an und versorgt den Körper gleichzeitig mit Kupfer, Zink, Eisen und wichtigen Spurenelementen.

Wintersäfte

GRANATAPFEL-ROTE BETE-SAFT

 250 ml

 25 Min.

 Leicht

Zutaten

1 Granatapfel
100 g Rote Bete-Kugeln, in Stücken
2 Möhren, in Stücken

Nährwerte p. P.

296 kcal
62 g Kohlenhydrate
2 g Fett
4 g Eiweiß

1 Schneiden Sie den Granatapfel in zwei Hälften und nehmen Sie einen Kochlöffel. Mit diesem über einer Schüssel feste auf die Schale des Granatapfels schlagen, um die Kerne zu lösen. Festsitzende Kerne vorsichtig mit den Fingern herausnehmen.

2 Alle Zutaten in den Entsafter geben und entsaften.

ORANGEN-SANDORN-SAFT

 250 ml

 15 Min.

 Leicht

Zutaten

2 Bio-Orangen, halbiert
100 g Sanddorn
2 Möhren, in Stücken

Nährwerte p. P.

293 kcal
44 g Kohlenhydrate
8 g Fett
6 g Eiweiß

1 Den Sanddorn in den Entsafter geben und entsaften. Orangen und Möhren zusammen entsaften und mit dem Sanddornsaft vermischen.

2 Beide Säfte gut vermischt und gekühlt servieren.

WIRSING-APFEL-SAFT

350 ml

15 Min.

Leicht

Zutaten

8 Wirsingblätter
2 grüne Äpfel
½ Fenchelknolle
1 Bio-Limette, halbiert

Nährwerte p. P.

322 kcal
65 g Kohlenhydrate
1 g Fett
10 g Eiweiß

1 Die Äpfel gut abwaschen und abtrocknen, danach den Strunk und das Kerngehäuse entfernen.

2 Fenchel, Apfel, Limette und Wirsingblätter in den Entsafter geben und entsaften.

3 Den Saft umrühren und servieren.

ORANGEN-SANDDORN-INGWER-SAFT

500 ml

15 Min.

Leicht

Zutaten

8 Bio-Orangen, in Viertel
8 g Ingwer, in Scheiben
100 g Sanddorn

Nährwerte p. P.

771 kcal
138 g Kohlenhydrate
10 g Fett
16 g Eiweiß

1 Die Orangen mit dem Sanddorn und dem Ingwer mischen und nach und nach in den Entsafter geben.

2 Den aufgefangenen Saft kalt oder warm genießen.

KOHLRABI-APFEL-SAFT

250 ml

15 Min.

Leicht

Zutaten

1 Kohlrabi
1 Bio-Zitrone, halbiert
2 Äpfel, in Stücken
1 Kiwi, geschält und halbiert

Nährwerte p. P.

393 kcal
81 g Kohlenhydrate
1 g Fett
10 g Eiweiß

1 Nehmen Sie den Kohlrabi und schälen Sie diesen mit einem Sparschäler, danach die holzigen Stücke entfernen und den Rest würfeln.

2 Alle Zutaten in den Entsafter geben und den Saft auffangen. Diesen durch ein Sieb in Gläser füllen und servieren.

SAUERKRAUT-ANANAS-SAFT

 500 ml

 15 Min.

 Leicht

Zutaten

1 Ananas, geschält in Stücken
8 Weißkohl, in Stücken
5 g Ingwer, geschält in Scheiben
1 Apfel, in Stücken
1 Bio-Zitrone, halbiert
100 - 150 ml Wasser zum Auffüllen

Nährwerte p. P.

1124 kcal
226 g Kohlenhydrate
13 g Fett
11 g Eiweiß

1 Geben Sie alle Zutaten in den Entsafter und fangen Sie den frischen Saft auf.

2 Den Saft nach Geschmack mit dem Wasser verdünnen und servieren.

BLAUBEER-ROTE-BETE-SAFT

250 ml

15 Min.

Leicht

Zutaten

200 g Blaubeeren
1 Rote Bete-Knolle, in Würfel
1 roter Apfel, in Würfel
1 Bio-Limette, halbiert
1 EL Olivenöl

Nährwerte p. P.

302 kcal
62 g Kohlenhydrate
2 g Fett
6 g Eiweiß

1 Reinigen Sie die Blaubeeren in einem Sieb unter frischem Wasser und lassen Sie diese abtropfen. Zusammen mit den anderen Zutaten, bis auf das Öl, in den Entsafter geben und entsaften.

2 Alle Säfte mit dem Öl vermischen und gut gekühlt servieren.

SELLERIE-APFEL-MÖHREN-SAFT

500 ml

25 Min.

Leicht

Zutaten

4 Selleriestangen
3 Äpfel
4 Möhren
7 g Ingwer, in Scheiben

Nährwerte p. P.

496 kcal
106 g Kohlenhydrate
2 g Fett
9 g Eiweiß

1 Die Selleriestangen von holzigen Enden befreien und in Stücke schneiden.

2 Die Äpfel und Möhren unter Wasser reinigen und abtrocknen. Die Möhren in Stücke schneiden und die Äpfel von Strunk und Kernen befreien.

3 Alles zusammen im Entsafter entsaften und frisch genießen.

ORANGEN-MANDEL-SAFT

500 ml

1 Tag

Leicht

Zutaten

2 Bio-Orangen, in Viertel
1 Dattel, halbiert
300 g Mandeln

Nährwerte p. P.

1936 kcal
50 g Kohlenhydrate
160 g Fett
76 g Eiweiß

1 Die Mandeln mit so viel Wasser in eine Schale geben, dass diese gut bedeckt sind.

2 Am nächsten Tag die Mandeln mit der Dattel und den Orangen in den Entsafter geben und den Saft frisch und gut gekühlt genießen.

ENDIVIEN-APFEL-SAFT

350 ml

15 Min.

Leicht

Zutaten

1 Endiviensalat
3 Äpfel, in Stücken
1 Bio-Zitrone, halbiert

Nährwerte p. P.

410 kcal
87 g Kohlenhydrate
1 g Fett
9 g Eiweiß

1 Geben Sie die Zitrone mit dem Salat und den Äpfeln in den Entsafter.

2 Den Saft auffangen und vor dem Servieren gut umrühren.

HEIẞER BEERENTRUNK

 1,5 l

 45 Min.

 Leicht

Zutaten

1 Liter Wasser für den unteren Topf
300 g Johannisbeeren
200 g Brombeeren
100 g Acerolabeeren
100 g Stachelbeeren
100 g Blaubeeren
1 Vanillestange

Nährwerte p. P.

318 kcal
51 g Kohlenhydrate
4 g Fett
8 g Eiweiß

1 Stellen Sie den Dampfentsafter auf den Herd und befüllen Sie den unteren Topf mit dem Wasser. Füllen Sie den Siebeinsatz mit dem Obst und der Vanilleschote und verschließen Sie den Entsafter mit dem Topf.

2 Achten Sie darauf, dass die Schlauchklemme richtig sitzt und erhitzen Sie den Entsafter, bis sich der erste Saft im Schlauch bildet. Nun den Entsafter bei mittlerer Temperatur arbeiten lassen, bis der Saft komplett aus den Früchten ist.

HOT APFELTRUNK

1,5 l

45 Min.

Leicht

Zutaten

1 kg Äpfel, gehackt
1 Zimtstange
3 g Ingwer, in Scheiben
1 Bio-Zitrone in Scheiben
2 Nelken

Nährwerte p. P.

610 kcal
144 g Kohlenhydrate
0 g Fett
3 g Eiweiß

1 Den unteren Topf bis zur Markierung mit Wasser befüllen und den Dampfentsafter auf den Herd stellen. Den zweiten Topf daraufgeben und den Siebeinsatz mit den Zutaten befüllen.

2 Den Dampfentsafter nach Vorschrift verschließen und erhitzen.

3 Warten, bis sich der Saft im Abfüllschlauch gesammelt hat und nach und nach ablassen, bis kein Saft mehr austritt.

Sirup & Gelee-Rezepte für den Dampfentsafter

HOLUNDERGELEE

 2 l

 45 Min.

 Leicht

Zutaten

2 kg Holunderbeeren
1 Bio-Zitrone, in Scheiben
5 g Ingwer, geschält
2 Sternanis
2 Kardamomkapseln
1 Zimtstange
1 Bio-Orange, in Viertel
750 g Gelierzucker
Gläser mit Schraubverschluss

Nährwerte p. P.

4082 kcal
913 g Kohlenhydrate
10 g Fett
52 g Eiweiß

1 Nehmen Sie die Gläser und kochen Sie die Deckel in einem kleinen Topf mit heißem Wasser steril.

2 Den Entsafter auf den Herd stellen, in den unteren Teil das Wasser bis zur Markierung füllen. Den Siebeinsatz mit den Zutaten, bis auf den Gelierzucker, füllen und alles mit dem Deckel verschließen.

3 Den Entsafter erhitzen und den Saft auffangen. Geben Sie den Saft in einen hohen Topf und kochen Sie diesen auf, den Gelierzucker hineingeben und solange köcheln lassen, bis der Tropfentest besteht.

4 Danach in Gläser umfüllen und sofort mit dem Deckel verschließen. Die Gläser erst verstauen, wenn diese abgekühlt sind.

Tropfentest: Der Tropfentest funktioniert einfach und zeigt, ob eine spätere Gelierung einsetzt. Einfach einen Löffel in das Gelee tunken und heraufholen. Der letzte Tropfen, der vom Löffel in das Gelee tropft, sollte sich zu einem festen Tropfen bilden. Dann ist das Gelee fertig.

KIRSCHSIRUP

2 l | 45 Min. | Leicht

Zutaten

1 kg Kirschen, ohne Stiel
1 kg Zucker
20 g Zitronensäure
saubere Flaschen

Nährwerte p. P.

4650 kcal
1131 g Kohlenhydrate
3 g Fett
9 g Eiweiß

1 Stellen Sie den Entsafter mit zwei Liter Wasser und den Kirschen ohne Stiel auf. Erhitzen Sie das Wasser und lassen Sie den Wasserdampf die Kirschen entsaften.

2 Den Saft direkt in einem großen Topf auffangen und aufkochen, Zucker und Zitronensäure einrühren und direkt in die Flaschen abfüllen. Diese verschließen und vor dem Einräumen in den Vorratsschrank richtig auskühlen lassen.

HOLUNDERBLÜTEN-MINZE-SIRUP

21

45 Min.

Leicht

Zutaten

1 kg Zucker
3 Bio-Zitronen, in Scheiben
9 g Ingwer, in Scheiben
1 Zimtstange
1 Bund Minze, leicht gehackt
1 kg Holunderblüten

Nährwerte p. P.

4530 kcal
1072 g Kohlenhydrate
5 g Fett
25 g Eiweiß

1 Reinigen Sie die Holunderblüten, indem Sie diese leicht ausschütteln. Die Holunderblüten mit der Zitrone, Ingwer, Minze und Zimt in den Siebeinsatz des Dampfentsafters geben.

2 Diesen im unteren Teil mit zwei Liter Wasser füllen und zum Kochen bringen. Den Saft auffangen und in einem Topf mit dem Zucker aufkochen.

3 Den fertigen Sirup direkt in die Flaschen füllen und gut abkühlen lassen.

MIRABELLEN-ORANGEN-GELEE

 21

 50 Min.

 Leicht

Zutaten

1 kg Mirabellen, entsteint
750 g Gelierzucker
2 Bio-Orangen, in Scheiben
1 Vanilleschote

Nährwerte p. P.

3847 kcal
922 g Kohlenhydrate
3 g Fett
11 g Eiweiß

1 Befüllen Sie den Entsafter mit genügend Wasser bis zur Markierung im unteren Topf.

2 In den Siebeinsatz die Mirabellen und die Orangen geben. Die Vanilleschote halbieren und die Hälften nochmals halbieren, sodass sich das Mark beim Entsaften löst.

3 Fangen Sie den Saft auf und kochen Sie diesen in einem Topf auf. Den Gelierzucker hineinrühren und alles für 10 - 15 Minuten köcheln lassen. Tauchen Sie einen Kochlöffel hinein und lassen Sie die Flüssigkeit in den Topf zurücklaufen. Der letzte Tropfen sollte sich zu Gelee formen und fest werden.

4 Erst dann das Gelee in die Gläser füllen und diese sofort mit den Deckeln verschließen.

JOHANNISBEERGELEE

1 l

55 Min.

Leicht

Zutaten

1 Zimtstange
1 kg Johannisbeeren
2 Äpfel, in Viertel
1 Packung Gelierzucker 2:1

Nährwerte p. P.

2699 kcal
629 g Kohlenhydrate
2 g Fett
12 g Eiweiß

1 Befüllen Sie den Entsafter im unteren Teil mit ausreichend Wasser bis zur Markierung. Den Siebeinsatz mit den Johannisbeeren und den Äpfeln sowie der Zimtstange befüllen.

2 Erhitzen Sie den Entsafter und lassen Sie diesen arbeiten, bis sich genügend Saft für ein Liter Flüssigkeit im mittleren Teil gebildet hat. Diesen in einen Kochtopf umfüllen und erkalten lassen.

3 In den kalten Saft den Gelierzucker einrühren und diesen nach Anleitung aufkochen und in die Gläser füllen. Die Gläser sofort verschließen und auskühlen lassen.

BEERENSIRUP

 1,5 l

 45 Min.

 Leicht

Zutaten

300 g Himbeeren
200 g Brombeeren
300 g Stachelbeeren
200 g Blaubeeren
1 Bio-Zitrone, halbiert
500 g Zucker

Nährwerte p. P.

2403 kcal
559 g Kohlenhydrate
5 g Fett
10 g Eiweiß

1 Den Entsafter auf dem Ofen platzieren und Wasser bis zur Markierung in den unteren Teil einfüllen. Den Siebbereich mit den Zutaten, bis auf den Zucker, befüllen und den Entsafter erhitzen.

2 Den Saft auffangen und in einem Kochtopf mit dem Zucker für zehn Minuten aufkochen und leicht köcheln lassen.

3 Den Sirup in saubere Flaschen füllen und diese verschlossen abkühlen lassen.

PFIRSICH-NEKTARINEN-SIRUP

2 l

55 Min.

Leicht

Zutaten

1 Bio-Zitrone, halbiert
5 g Ingwer, in Scheiben
1 Zimtstange
2 Anissterne
500 g Pfirsiche, in Viertel
500 g Nektarinen, in Viertel
500 g Zucker

Nährwerte p. P.

2582 kcal
615 g Kohlenhydrate
2 g Fett
9 g Eiweiß

1 Befüllen Sie den Siebeinsatz mit dem Obst sowie den Anissternen und der Zimtstange, Ingwer und Zitrone.

2 Geben Sie in den unteren Teil des Entsafters genügend Wasser, sodass es bis zur Topfmarkierung reicht. Setzen Sie den Entsafter zusammen und verschließen Sie diesen mit dem Deckel. Nun den Entsafter erhitzen und den Saft gewinnen.

3 Den gewonnenen Saft in einen großen Topf geben und mit dem Zucker erneut aufkochen. Alles für zehn Minuten köcheln lassen, in saubere Flaschen füllen und verschließen.

ERDBEER-CHILI-GELEE

2 l 45 Min. Leicht

Zutaten

1 kg Erdbeeren, ohne Grün
500 g Gelierzucker 2:1
1 Chili, halbiert
1 Zimtstange
1 Bio-Limette, halbiert

Nährwerte p. P.

2345 kcal
554 g Kohlenhydrate
4 g Fett
8 g Eiweiß

1 Den Entsafter bis zur Markierung mit Wasser befüllen. In den Siebeinsatz alle Zutaten, bis auf den Zucker, geben.

2 Den Entsafter durcharbeiten lassen und den Saft in einem Topf auffangen. Diesen abkühlen lassen und zusammen mit dem Gelierzucker nach Anleitung aufkochen.

3 Das Gelee in die Gläser füllen und gut verschließen.

PFLAUMENSIRUP

2 l 45 Min. Leicht

Zutaten

1 Zimtstange
9 g Ingwer, in Scheiben
1 kg Pflaumen, entsteint
1 Bio-Zitrone, halbiert
350 g Zucker

Nährwerte p. P.

1955 kcal
461 g Kohlenhydrate
3 g Fett
7 g Eiweiß

1 Die Pflaumen, Zimtstange, Ingwer und Zitrone in den Siebeinsatz Ihres Entsafters geben. Den unteren Teil mit ausreichend Wasser bis zur Markierung befüllen.

2 Den Entsafter erhitzen und den Saft in einem Topf auffangen. Den Zucker einrühren und alles für zehn Minuten köcheln lassen.

3 Den Sirup in die Flaschen abfüllen und diese gut verschließen.

ANANAS-KOKOS-GELEE

21 55 Min. Leicht

Zutaten

500 ml Kokoswasser
1 kg Ananas, in Stücken
500 g Gelierzucker 2:1
20 g Zitronensäure

Nährwerte p. P.

2665 kcal
637 g Kohlenhydrate
4 g Fett
6 g Eiweiß

1 Stellen Sie den Entsafter auf und befüllen Sie den unteren Topf mit Wasser, bis die Markierung erreicht ist. In das Sieb die Ananas geben und den Entsafter erhitzen.

2 Den Ananassaft auffangen und abkühlen lassen, zusammen mit dem Kokoswasser in einen Topf geben und den Gelierzucker und der Zitronensäure einrühren. Alles zusammen aufkochen und nach Anweisung des Gelierzuckers garen.

3 Danach in Gläser füllen und diese gut verschließen.

Bonus Kinderrezepte

APFEL-BIRNEN-SAFT

250 ml

25 Min.

Leicht

Zutaten

1 Apfel
1 Birne
½ Fenchelknolle

Nährwerte p. P.

190 kcal
45 g Kohlenhydrate
0 g Fett
1 g Eiweiß

1 Nehmen Sie den Apfel und die Birne und reinigen Sie beides unter frischem Wasser. Danach den Strunk und das Kerngehäuse entfernen.

2 Die Fenchelknolle in kleinere Stücke schneiden und braune Stellen entfernen.

3 Danach alles zusammen in den Entsafter geben und den Saft in Gläser füllen.

Tipp: Äpfel wirken sich nachweislich gut auf den Blutdruck aus und stabilisieren diesen. Vor allem beim wilden Toben und Spielen kann dies eine Herausforderung für den Körper sein. Gleichzeitig wirken Äpfel entzündungshemmend und unterstützen somit mit einem leckeren Geschmack den gesamten Körper.

ERDBEER-KIWI-SAFT

250 ml

20 Min.

Leicht

Zutaten

300 g Erdbeeren
2 Kiwi Gold

Nährwerte p. P.

194 kcal
34 g Kohlenhydrate
2 g Fett
4 g Eiweiß

1 Nehmen Sie die Kiwi und schälen Sie mit einem Messer die Schale ab. Die Erdbeeren waschen und abtropfen lassen, das Grün entfernen.

2 Erdbeeren und Kiwistücke in den Entsafter geben und den Saft auffangen.

3 Den Saft gut vermischt in ein Glas umfüllen und frisch servieren.

Tipp: Wer keine Kiwistücke dabei haben möchte, kann den Saft durch ein Sieb gießen. Erdbeeren sind wahre Vitamin C-Schätze, ihr Gehalt liegt um einiges über dem der Orange. Vitamin C ist wichtig für den Aufbau von Bindegewebe und Knochen, genau das Richtige für die Wachstumsphase Ihres Kindes.

KAROTTEN-FENCHEL-SAFT

250 ml

15 Min.

Leicht

Zutaten

¼ Fenchelknolle, in Stücken
1 Apfel, ohne Strunk und Kerngehäuse
1 Birne, ohne Strunk und Kerngehäuse
3 Möhren, in Stücken

Nährwerte p. P.

234 kcal
54 g Kohlenhydrate
1 g Fett
2 g Eiweiß

1 Nehmen Sie die Fenchelknolle und geben Sie diese mit dem Apfel und der Birne in den Entsafter, den Saft auffangen.

2 Danach die Möhren im Entsafter entsaften und die Säfte vor dem Servieren gut vermischen.

Tipp: Fenchel kann nicht nur gegen Völlegefühl und Bauchschmerzen eingesetzt werden. Fenchel hilft vor allem auch bei Erkältungserscheinungen. Gepaart mit der Tatsache, dass viel Flüssigkeit ebenfalls dazugehört, um gegen eine Erkältung vorzugehen, bietet sich hier die Win-win-Situation.

APFEL-MINZE-SAFT

250 ml

15 Min.

Leicht

Zutaten

4 Stängel Pfefferminze
2 grüne Äpfel

Nährwerte p. P.

244 kcal
57 g Kohlenhydrate
0 g Fett
1 g Eiweiß

1 Waschen Sie die Äpfel unter frischem Wasser und trocknen Sie diese gut ab. Den Strunk mit dem Kerngehäuse entfernen und die Äpfel in Stücke schneiden.

2 Pfefferminze und Äpfel in den Entsafter geben und den Saft auffangen.

3 Alles in ein Glas füllen und servieren.

Tipp: Pfefferminze hat einen sehr hohen und natürlichen Anteil an Menthol. Daher wirkt es entzündungshemmend, schmerzlindernd und beruhigend. Doch es kann noch mehr – vor allem in der heißen Jahreszeit können kalte Pfefferminzgetränke den Kreislauf unterstützen.

GURKE-SALBEI-SAFT

500 ml

10 Min.

Leicht

Zutaten

2 Stängel Pfefferminze
2 Salatgurken, in Stücken
2 Stängel Salbei
1 grüner Apfel, in Stücken

Nährwerte p. P.

206 kcal
41 g Kohlenhydrate
1 g Fett
5 g Eiweiß

1 Als Erstes die Pfefferminze und den Salbei mit den Apfelstücken im Entsafter entsaften. Danach die Gurkenstücke nach und nach entsaften.

2 Beide Säfte vermischen und gut gekühlt servieren.

Tipp: Salbei ist eine wundervoll nützliche Pflanze, die antibakteriell, entzündungshemmend und vor allem antibiotisch wirkt. Die perfekte Abwehr für einen Tag auf dem Spielplatz. Daneben hilft es wundervoll bei Halsschmerzen und Zahnfleischproblemen.

KAROTTE-ORANGE-SAFT

250 ml

15 Min.

Leicht

Zutaten

2 Möhren
1 Orange

Nährwerte p. P.

99 kcal
20 g Kohlenhydrate
0 g Fett
2 g Eiweiß

1 Die Möhren waschen und abtrocknen, danach mit dem Grün in kleinere Stücke schneiden. Die Orange unter heißem Wasser abwaschen und in Viertel schneiden.

2 Alle Zutaten zusammen in den Entsafter geben und entsaften.

Tipp: Karotten sind nicht nur gut für die Augen, sie helfen, im rohen Zustand zu sich genommen, vor allem davor, an einer Salmonellenerkrankung zu erkranken. Rohe Karotten wirken ebenso bei Immunschwächen und Darmproblemen. Für stillende Mütter bringen sie auch den Vorteil mit sich, indem sie die Milchbildung anregen.

APFEL-MINZE-SAFT

500 ml

15 Min.

Leicht

Zutaten

1 Apfel, in Stücken
4 Stängel Minze

Nährwerte p. P.

164 kcal
35 g Kohlenhydrate
1 g Fett
3 g Eiweiß

1 Geben Sie den Apfel und die Minze in den Entsafter. Den Saft auffangen.

2 Die Salatgurke in den Entsafter füllen und ebenfalls entsaften.

3 Beide Säfte gut vermischt servieren.

Tipp: Die Minze wirkt keimtötend, beruhigend und antibakteriell. Der Apfel gibt einen guten Gehalt an Vitamin C mit in den Tag.

MELONENSAFT

 250 ml
 25 Min.
 Leicht

Zutaten

½ Galia Melone
2 Stängel Minze
1 Bio-Zitrone

Nährwerte p. P.

550 kcal
124 g Kohlenhydrate
1 g Fett
9 g Eiweiß

1 Nehmen Sie die Melone und schneiden Sie die Schale ab. Danach mit einem Löffel die Kerne entfernen. Das Fruchtfleisch in Stücke schneiden.

2 Zusammen mit der Zitrone und der Minze in einem Entsafter entsaften.

Tipp: Vitamin C, was passt da besser als eine Zitrone? Sie stärkt die Abwehrkräfte des Körpers und wirkt ebenso antibakteriell. Die Melone hingegen unterstützt die Funktion von Nerven und Muskeln mit dem wichtigen Provitamin A, Kalium und natürlich ebenfalls Vitamin C und wirkt durch ihren sehr hohen Gehalt feuchtigkeitsspendend.

CLEMENTINEN-ERDBEER-SAFT

250 ml 15 Min. Leicht

Zutaten

2 Clementinen
300 g Erdbeeren

Nährwerte p. P.

170 kcal
31 g Kohlenhydrate
2 g Fett
4 g Eiweiß

1 Die Clementinen schälen und in Stücke schneiden. Die Erdbeeren abwaschen und abtropfen lassen, das Grün entfernen und die Erdbeeren halbieren.

2 Die Früchte im Entsafter entsaften und den Saft gut gekühlt servieren.

Tipp: Clementinen sind magenfreundlich und enthalten wenig Säure. Sie liefern wichtig Ballaststoffe und bringen das Immunsystem auf Vordermann. Gepaart mit der Erdbeere, die freie Radikale abfängt, bietet sich hier eine wahre Geheimwaffe gegen Keime und Krankheitserreger.

APFEL-KOKOS-TRAUBEN-SAFT

250 ml   15 Min.   Leicht

Zutaten

100 g rote Weintrauben
1 roter Apfel, in Stücken
50 ml Kokoswasser

Nährwerte p. P.

198 kcal
45 g Kohlenhydrate
1 g Fett
2 g Eiweiß

1 Die Weintrauben von den Reben lösen und zusammen mit den Apfelstücken in den Entsafter geben.

2 Den Saft auffangen und zusammen mit dem Kokoswasser vermischt servieren.

Tipp: Kokoswasser enthält Laurinsäure. Diese ist eine wahre Wunderwaffe vor allem gegen Herpesviren. Daneben bringt es gleichzeitig wichtige Mineralstoffe sowie Spurenelemente mit sich – Phosphor, Eisen, Kalium, Calcium, Magnesium und auch Zink sowie Kupfer.